AF204215

Gute Geschichten bessern die Welt.

Hersteller / Manufacturer (GPSR)
Storylution GmbH, Biberstraße 5, 1010 Vienna, Austria
E-Mail: story.one@story.one

Monique Narzt

GRENZEN

story.one – Life is a story

1. Auflage 2022
© Monique Narzt

Herstellung, Gestaltung und Konzeption:
Verlag story.one publishing - www.story.one
Eine Marke der Storylution GmbH

Gesetzt aus Crimson Text und Lato.
© Fotos: Cover: unsplash.com

Printed in the European Union.

ISBN: 978-3-7108-1073-2

be your own plot twist.

INHALT

Nachts um halb 4

Ich hatte fast vergessen, wie es sich anfühlt. Wenn einem das Atmen schwerfällt und der Druck auf der Brust nicht verschwinden will. Die Tränen, die einem ständig hinter den Augen brannten und einfach nicht fallen wollten. Die Müdigkeit, welche sich tief in den Knochen breit macht. Die Schlaflosigkeit, die einen die ganze Nacht wach hielt. Das Beobachten der Leuchtziffern des Weckers, die sich im Minutentakt um eine Zahl nach vorne schoben. Das Rauschen der eigenen Gedanken. Das Unterbewusstsein, welches einfach nicht die Klappe halten wollte.

Es grenzt schon fast an Verzweiflung, nahezu neigt es zur Aggression, nachts um halb 4 das Licht der Straßenlaternen an der Wand immer wieder mit den Augen zu verfolgen. Um diese Uhrzeit herrschte Totenstille und man konnte die LKW auf der Autobahn über den Beton brettern hören. In den Sommermonaten zirpten die Grillen unaufhörlich die ganze Nacht.

Doch es fällt nie jemanden auf, dass man die

ganze Nacht kein Auge zugemacht hatte. Denn die violetten Schatten hatten sich etabliert. Genauso wie das konstante Zittern der Hände, oder der Drang zum tiefen Ausatmen, in dem Versuch, etwas von der Schwere auf der Brust loszuwerden.

Die Leere kommt langsam, schleicht sich an und zieht nur schrittweise wieder bei dir ein. Man begrüßt sie wie einen alten Freund, jemand, den man nur zu gut kennt. Man schließt sie in die Arme, zieht sie nah an einen heran, bis man das Gefühl hat, man verschwindet in ihr.

Die Tage werden länger. Die Nächte bleiben gleich: rastlos und schlaflos. Die wenigen Stunden, die man mit geschlossenen Augen verbringt, fast in einem vegetativen Zustand, reichen nicht aus, um die Leere zu füllen.

Irgendwann siegt die Erschöpfung und die Schlaflosigkeit erliegt. Die Nächte werden länger, die Tage kürzer. Die Augen wollen sich nicht mehr öffnen, zu erleichtert, sich endlich in einem geschlossenen Zustand zu befinden. Die Schwere auf der Brust entgleitet dem Bewusstsein, die Leere in einem pausiert.

Es sind meistens Traumlos verbrachte Stunden, doch häufig unterbrochen nur durch nächtliches Aufschrecken. Manchmal nur einmal, oft jedoch mehrmals. Jedes Mal richtet sich der Blick auf die Leuchtziffern im Dunkeln, die sich weiterhin minütlich eine Zahl nach vorne schieben.

Umso näher der Morgengrauen kommt, umso unwahrscheinlicher wird es, die Augen erneut dazu zu bringen, sie zu schließen. Die Schwere auf der Brust kehrt schlagartig zurück, die Müdigkeit der Knochen drückt einen tief in die Matratze, während man die Lichter der Straßenlaternen verfolgt.

Ich hatte fast vergessen, wie es sich anfühlt.

Morgengrauen

Es ist die Routine, die alles zusammenhält. Das Klingeln des Weckers, dass einen dazu zwingt, die Realität ins Auge zu fassen. Der ungewollte Blick in den Spiegel, der einen erinnert, dass die violetten Schatten immer noch da sind. Die erste Tasse Kaffee auf nüchternen Magen. Das unangenehme Knurren, dass die Flüssigkeit zur Stille zwingt.

Der Weg nach draußen, geprägt von Kontakt mit anderen, die genauso in ihrer Routine festgehalten werden, wie man selbst. Tätigkeit folgt auf Tätigkeit. Vermeintlich Wichtiges wird ausgetauscht, welche letztlich nur eine Aneinanderreihung von Belanglosigkeiten darstellt.

Man passt sich an, gibt sich wie man vermutet, sein zu müssen, um die Routine aufrecht zu erhalten, um den Tag zu überstehen. In Wirklichkeit jedoch stellt die Routine ein Skelett dar. Ein Auffangrahmen für jegliche kalkulierbare Möglichkeit des Tages. Jegliches Auf und Ab, dass das verzweifelte Aufrechterhalten der eigenen Normalität zum Schwanken bringt. Was die

Routine nicht zusammenhält, ist man selbst.

Wenn die Routine das Skelett ist, ist die Haut, die sich um Muskeln und Sehnen spannt, jenes Material, dass Veränderungen und Schwankungen in einem selbst zusammenhält. Denn nach dem Aufwachen ist die Schwere auf der Brust wieder da. Egal wie oft man tief durchatmet, es folgt keine Erleichterung. Die Leere schließt einen weiterhin in seine Arme, bald gefolgt von Leid. Das Leid läuft dir nach wie ein kleines Haustier, immer bemüht um Aufmerksamkeit.

Sobald man nicht mehr unter ständigen Reizen steht, die Kontakte weniger werden und man vermeintlich zur Ruhe kommt, zieht das Leid bei einem ein. Doch selbst das Leid schafft es nicht, die Tränen die konstant hinter den Augen brennen hervorzulocken.

Trotz allem, wendet man sich Dingen zu, die man gewohnt ist. Nahrung. Hygiene. Lebenserhaltende Maßnahmen, um einen selbst und seine zurückgekehrten Mitbewohner bei Laune zu halten. Doch die ständige Wiederholung von augenscheinlich banalen Dingen reicht nicht aus, um das Leid, dass sich in einem ausbreitet, wieder dort einzieht, einnistet, wo es sich wohlfühlt, zu ignorieren. Man lernt nur wieder, damit zu leben. Es so lange auszublenden, bis ein Zeitpunkt gekommen ist, indem nicht einmal mehr die fast schon strickte, ja fast schon religiös verfolgte, Routine ausreicht.

Nach dem Sonnenuntergang kommt es hervor und legt sich gemeinsam mit der Schwere auf deine Brust. Das vorhandene Gewicht wird verdoppelt, verdreifacht, bis es nicht mehr auszuhalten ist.

Es schleicht sich in deine Gedanken, zieht sich ganz weit in dein Unterbewusstsein zurück und verbringt dort seine Tage. Wartend. Lauernd. Es wohnt wieder in einem. Tagelang. Wochenlang. Monatelang. Es zehrt an dir, ohne wirklich etwas von dir zu nehmen und egal wie sehr du versuchst es unter Kontrolle zu bekommen, es wütet ohne Rücksicht weiter.

Und letztlich ist es die Routine, die alles vermeintlich zusammenhält.

Irrationalität

Es ist das Herz, dass das erste Anzeichen bietet. Das gleichmäßig stetige Klopfen, dass an Schnelligkeit zunimmt. Das Zittern der Hände. Der kalte Schweiß. Der Atem. Der Fluchtinstinkt. Die Augen, die verzweifelt nach einem Ausweg aus der Situation suchen. Der Verstand, der das Rasen nicht unter Kontrolle bringt. Die vermeintliche Bedrohung, auf die der Körper reagiert.

Das Gehirn kann nicht unterscheiden, um welche Art von Schmerz es sich handelt. Es erkennt nur Schmerz. Die Anzeichen der Irrationalität bauen sich auf wie eine Welle, unkontrollierbar, jederzeit bereit, einen unter sich zu begraben. Die Wassermassen drücken einen nach unten. Die Lungen brennen, versuchen verzweifelt die Flügel mit Luft zu füllen. Das Zittern breitet sich über den ganzen Körper aus und der Fluchtinstinkt gewinnt schließlich.

Der Versuch, solange auszuhalten, bis man alleine ist, bis einen die Welle ohne Rücksicht auf Verluste unter sich begraben kann, scheint von

Beginn bereits zum Scheitern verurteilt. Das Blut rauscht einem in den Ohren, der Atem geht stoßweise. Der Kloß im Hals wird immer größer, das Schlucken immer schwerer. Punkte tanzen vor dem eigenen Sichtfeld und der Kreislauf ist kurz davor, einfach nachzugeben, sich den Wassermassen zu fügen.

Niemand scheint zu merken, dass man kurz vor dem Ertrinken ist, irgendwo hunderte Kilometer entfernt von den eigentlichen Wassermassen, die den Kontinent umgeben. Erst wenn man alleine ist, weg von all den Reizen, die einen den Atem rauben, die Sinne beanspruchen, die Nerven strapazieren. Erst wenn man sich an der Wand entlang auf den Boden rutschen lässt, die harten Fließen unter den klammen Fingern spürt und den Kopf zwischen die Knie legt, scheint man wieder an Kontrolle zu gewinnen.

Der Drang den Schmerz, der über einen hinwegspühlt mit dem Anhalten des eigenen Atems zu ersticken ist präsenter denn je. Man blinzelt verzweifelt die Tränen weg, denn das Brennen hinter den Augen hat das Limit erreicht und sie suchen sich einen Weg nach draußen, um den eigenen Körper zu beruhigen.

Langsam aber sicher beruhigt sich das Herz wieder und das Rasen kehrt wieder zu seinem stetigen gleichmäßigen Klopfen zurück. Der Fluchtinstinkt lässt nach, während das Adrenalin langsam vom Körper abgebaut wird und die überreizten Sinne entlastet werden. Alles was zurückbleibt ist die Erschöpfung, die sich langsam in einem ausbreitet.

Man wischt sich den kalten Schweiß von der Stirn, steht auf, lässt sich eiskaltes Wasser über die Handgelenke laufen. Der Blick in den Spiegel verrät nichts über das innerliche Chaos. Der eigene Anblick in der reflektierenden Oberfläche ist ernüchternd. Man schluckt den Klumpen im Hals hinunter, wendet sich zur Tür und kehrt dorthin zurück, wo man hergekommen ist.

Das einzige Anzeichen, das zurückbleibt, ist die Müdigkeit.

Existenz

„Hast du Angst?“

Seine Stimme durchbricht die Dunkelheit.

„Wovor?“, entgegnete ich.

„Vor dem Tod?“

Die Frage schien mich auf einen Schlag stock-
nüchtern zu machen. Als hätte ich in den letzten
Stunden nicht mehrere Gläser Alkohol zu mir
genommen. Der leichte Rausch, der mein Hirn
vernebelt hatte, begann sich zu lichten und ich
sah ihn über den Rand meines Glases hinweg
mit hochgezogenen Augenbrauen an. Er brachte
gerne solche Themen auf, besonders, wenn wir
beide zu einem gewissen Zeitpunkt schon etwas
zu tief ins Glas geschaut hatten. Sein Blick war in
die Ferne gerichtet, den Unterarm auf dem Knie
platziert, die Bierflasche locker umschlossen.

Hatte ich Angst vor dem Tod?

Existentielle Fragen zu beantworten war
wahrscheinlich einfacher, ohne dem Alkohol im

Blut. Das Blut rauschte in meinen Ohren, als ich den Blick von ihm abwendete und an meinem Glas nippte. Der Schluck brannte in meinem Hals bis hinunter in den Magen, während ich über die Frage nachdachte.

Angst war etwas Irrationales und ich tendierte dazu, selbst in dem momentanen Zustand der leichten Vernebelung, zwischen Irrationalität und Rationalität zu differenzieren. Der Tod holte einen, das war so sicher wie das Amen in einer Kirche voller Gläubiger.

Der irrationale Teil meines Selbst machte sich wahrscheinlich gerade in die Hosen vor lauter Panik- mein Unterbewusstsein tendierte dazu, aus einer Mücke einen Elefanten zu machen. Der rationale Teil meines Selbst, der Teil, der tatsächlich aktiv über diese Frage nachdachte, war beunruhigender Weise ruhig.

Warum sollte mir etwas Angst machen, was ich selbst entscheiden konnte?

Ich nippte erneut an meinem Glas, bewegte die Flüssigkeit von einer Wange in die andere, bevor ich sie hinunterschluckte.

Diesmal brannte die Flüssigkeit nicht mehr so unnachgiebig wie zuvor. Er hatte sich mittlerweile eine Zigarette angesteckt und hielt sie mir entgegen.

„Nein", antwortete ich schließlich und nahm einen Zug. „Vor dem Existieren."

Egoismus

Selbstlosigkeit ist gefährlich. Selbstlosigkeit lässt einen vergessen, für einen selbst einzustehen. Einen selbst am nächsten zu sein. Einen Moment nicht aufgepasst, wird die Selbstlosigkeit zur Selbstsucht, zum Egoismus.

Denn wie kommt man sonst auf die verrückte Idee, sein eigenes Verhalten und die eigenen Bedürfnisse anzupassen?

Wie kann man es nur wagen, ein einziges Mal sich selbst über andere zu stellen? Sich selbst in Schutz zu nehmen, während andere einen schutzlos zurücklassen? Mitten im Kugelhagel der eigenen Gedanken und der Vorurteile anderer? Eine Entscheidung und alles, was man je getan oder gesagt hatte, ist null und nichtig.

Jene, für die man alles gegeben hatte, bis nichts mehr übrig blieb, was man geben konnte, drängen einen in die Ecke. Man soll daran erinnert werden, wo man hingehört, wo der eigene Platz war, ist und für immer bleiben wird. Denn welches Verhalten schien sonst den plötzlichen

Sinneswandel zu erklären? Wo man denn so viel für einen getan hatte? Es wurde sich für einen 'aufgeopfert', indem Kritik geübt wurde, unter der Verallgemeinerungen 'man meint es doch nur gut' und 'man will doch nur helfen'.

Nur leider war daran nichts hilfreich, denn danach fand man sich in derselben Position wieder, wie zuvor- von allen Seiten ungeschützt, mitten auf dem Schachbrett des Lebens, von einem Feld zum nächsten geschoben, ohne Rücksicht auf Verluste. Man dreht sich immer wieder im Kreis. Man wird nach allen Seiten gezogen, es wird verlangt, aber nichts gegeben. Es wird ohne zu fragen genommen, ohne zu danken. Wie Krähen, die sich aus einem Kadaver langsam ihre Nahrung heraus zupfen.

Nach all dieser Zeit, kurz vor dem Ende des Aufrechterhaltens, zehrt es mehr als nur an den Nerven. Violette Schatten unter den Augen. Wachsamer Blick. Appetitlosigkeit. All die Anzeichen, die man bis jetzt im Inneren getragen hatte, versteckt, finden letztlich einen Weg nach draußen.

Man verkümmert äußerlich genauso, wie man es innerlich schon immer getan hatte.

Was ist also der Preis für Selbstlosigkeit, wenn nichts mehr da ist, was man geben kann? Wenn alles, was übrig ist, ein Schatten eines Selbst ist?

Letztlich scheint der Preis für Egoismus, wenn die erste Wahl auf einen selbst fällt, nicht mehr so hoch, wenn man nichts mehr zu verlieren hat.

Zerbrochen

Wenige Tage nachdem ich endlich meine Vermutung bestätigt bekommen hatte, klingelte mein Telefon und ihre Stimme kam aus dem Hörer. Ich kann mich nicht mehr erinnern, um was es in diesem Anruf eigentlich ging. Wenn ich mich an etwas nicht mehr erinnern konnte, war es wahrscheinlich etwas Belangloses. Erinnerungslücken waren mir nicht fremd. Das Gespräch dauerte nicht länger als 10 Minuten.

Obwohl ich schon einige Tage Bescheid wusste, holte mich mein Unterbewusstsein erst in diesem Moment ein. Ich starrte an einen Fleck an der Wand- Schockstarre. Mehrere Minuten lang saß ich einfach nur da, den Mund leicht geöffnet, die Augen aufgerissen, die Brauen hoch auf der Stirn. Ungläubigkeit machte sich in mir breit. Tränen brannten hinter meinen Augen, meine Sicht verschwommen. Es herrschte vollkommene Stille in meinem Kopf, das Weiß der Wand absuchend, in der Suche nach Komfort. Die Mundhöhle staubtrocken nahm ich einen Schluck von dem Wasserglas, stellte es zurück auf den Tisch.

Plötzlich brach es aus mir heraus. Zuerst ein Kichern, dann ein verzweifeltes Lachen, dass im nächsten Moment durch ein stockendes Atmen ersetzt wurde. Mehrere Minuten lang, einen Kreislauf verfolgend wiederholend, unterbrochen durch kurzzeitige Stille. Ich war komplett allein- ich wusste nicht, ob es ein reiner Gedanke war, oder ob ich diesen Satz wirklich ausgesprochen hatte. Es machte jedoch keinen Unterschied, denn die Schockstarre, welche von der Ungläubigkeit ausgelöst, wurde von noch etwas schmerzhafteren abgelöst.

Die Tränen rollten langsam über meine Wangen, während ich immer wieder kicherte. Die Verzweiflung und die gleichzeitige Realisation der Situation waren einfach zu viel für mich. Erst nachdem das wiederkehrende Lachen sich beruhigt hatte, machte sich die Verzweiflung in mir breit. Das Gehirn kann nicht differenzieren zwischen körperlichen oder geistigem Schmerz. Das Einzige, was ich in diesem Moment wusste, war das er mich übermannte.

Doch es kam kein Laut über meine Lippen.

Mein Mund öffnete sich, doch die erwarteten Laute, die Schreie, der Schwall an Gefühlen, die mich übermannten, mir den Atem nahmen, kamen nicht.

Alles, was mir blieb, war mein unregelmäßiger Atem, die Tränen die sich unaufhörlich einen Weg unter meinen Augenlidern hervorbahnten und der Schmerz, der mein Gehirn flutete. Die Arme um mich selbst geschlungen, in der Versuchung, alles, was gerade aus mir heraus wollte, wieder einzusperren. Die Leere, die in mir herrschte zu füllen. Den Schmerz zu betäuben.

Weltschmerz

Ich stelle mir gerne vor, hätte ich andere Entscheidungen getroffen, bessere Entscheidungen, dass ich letztlich nicht an diesem Punkt angekommen wäre, wo ich jetzt stehe. Ich stelle mir gerne vor, dass andere Entscheidungen, zu einem anderen Ich führen würden, in andere Umstände, in andere Leben. Ich stelle mir gerne vor, dass meine Vergangenheit, alles bisher passierte, meine Zukunft nicht bestimmen wird. Ich stelle mir gerne vor, dass da draußen mehr ist. Dinge, die einen verändern, einen zu etwas anderen machen als man ist. Ich stelle mir gerne vor, was wäre, wenn alles ein wenig anders verlaufen wäre.

Mittlerweile habe ich aufgehört, mir etwas vorzustellen, dass nicht in dieser Dimension passiert. Als ich jünger war, hat es mir etwas gegeben, dass ich heute nicht mehr ertragen kann. Heute erinnert es mich nur mehr an alles, was ich verpasst habe. An all die unendlichen Möglichkeiten, an alle Richtungen, an alle Entscheidungen, die ich selbst nie haben oder treffen werde.

Die Annahmen wurden zu einem Verlustgefühl. Man trauert jenen Personen nach, die man hätte seine können, hätte werden können, unter anderen Umständen, in anderen Zusammenhängen, in anderen Erinnerungen. Dieser Verlust, den man versucht zu verdrängen, etwas, dem man eigentlich nicht nach-sehnen sollte, manifestiert sich in einem Teil eines Selbst. Man trägt es mit sich herum, in einem tiefen Winkel vergraben. Und mit der Zeit, kehrt man immer wieder zu ihnen zurück, denn was hat man schon zu verlieren?

Ich vermisse Menschen, die ich nie getroffen habe, Orte, an denen ich nie war und Momente, die ich nie erlebt habe. Ich vermisse Entscheidungen, die ich nicht hätte treffen können, die nie meine waren. Ich vermisse die Person, die ich hätte seine können, wenn ich anders aufgewachsen wäre, wenn meine Stimme gehört worden wäre. Ich wünschte, ich wäre anders mit Dingen umgegangen, hätte anders reagiert. Ich wünschte, mehr Entscheidungen wären meine eigenen gewesen und nicht beeinflusst durch andere Meinungen und Ansichten. Ich wünschte, ich hätte mehr getan. Ich wünschte, ich hätte früher gemerkt, dass manche Dinge einfach nicht zu ändern sind, egal wie oft man es versucht. Ich wünschte, ich hätte die Zeit anders genutzt. Ich wünschte, ich hätte nie so schnell erwachsen werden müssen. Ich wünschte, man hätte mich länger Kind sein lassen. Ich wünschte, man hätte mir die Liebe und Zuneigung gegeben, die ich in all den Jahren vermissen musste. Ich wünschte, es wäre jemand da gewesen, der all die Dinge verhindert hätte, die nicht hätten passieren sollen- zumindest nicht in einer bestimmten Art und Weise.

Ich wünschte, ich könnte die Zeit zurückdrehen. Ich wünschte, ich müsste mich nicht mit Dingen auseinandersetzen, etwas bereinigen, dass nicht meine Schuld ist. Ich wünschte, ich hätte andere Entscheidungen getroffen. Ich wünschte, ich hätte bessere Entscheidungen getroffen.

für immer siebzehn

Es ist die Art und Weise, wie sie sich aufrecht hält, während alles um sie herum in Flammen steht. Die Art und Weise, wie sie das Kinn anhebt, den stoischen Blick Richtung Himmel gewandt. Ihr Hände, welche krampfhaft nach Halt suchten, das einzige Anzeichen, dass sie um ihre Fassung ringt, während sie einen Fuß vor den anderen setzt. Der Rauch ist zu dicht, um die eigene Hand vor Augen zu sehen. Der Ruß legt sich auf ihre blasse Haut, bahnt sich vor, in jede Faser ihres Körpers. Das Atmen wird schwer, die Augen brennen. Ihre Schritte jedoch, schienen nirgendwo hinzuführen. Ziellos herumirrend. Für immer auf der Suche.

Gefangen, Festgehalten in diesem einen Moment, wenn alles um sie herum zusammenbricht. Die Schwere ihrer eigenen Gedanken, denen sie nicht mehr entfliehen kann. Die Mauern um sie herum, gebaut um zu schützen, waren höher, kaum zu überwinden. Nicht das es irgendjemand je versuchte.

Dort blieb sie also, hinter den hochgezogenen

Mauern, versteckt, vor der Welt, mit sich selbst allein. Die immer währenden Flammen leckten an ihrer Haut, auf der Suche nach mehr, nach etwas, dass sie geben konnte, wenn doch alles was geblieben ist sie selbst war. Tief vergraben, unter Schutt und Asche, lag einst mehr als nur der Verzicht, der ihr so vertraut war. Mittlerweile überschattet von der Dunkelheit, dem Schatten der Mauern, die nur sie selbst zum Einsturz bringen konnte.

Dunkelheit, die ihr näher war, immer näher sein würde, als alles andere. Dunkelheit, die sie kannte, die sie mit offenen Armen empfing, bei sich behielt, nicht losließ, bis sich nach und nach die vergessenen Sonnenstrahlen durch die Spalten der Mauersteine drängten. Die Dunkelheit ergab sich zwar dem anbahnenden Licht, jedoch verschwand sie nicht vollkommen. Sie blieb, im Schatten ihres Selbst, versteckt, in greifbarer Nähe, immerzu bereit, den Arm um sie zu legen. Dunkelheit, die sie wie eine Decke einhüllte. Dunkelheit, die wie ein altbekannter Freund ihre Hand nahm, immer wieder zu Besuch, über Tage, Monate, Jahre.

Die Mauer bleibt aufrecht, eine Konstante in ihrer Existenz. Ein Memento, eine Erinnerung einer Frage, welche bis heute keine Antwort, mit keiner Entscheidung gewürdigt worden war.

Die Mauer, die nicht nur zum Schutz, sondern auch als Grenze dient. Die Grenze, welche auf Anbahnung hofft, auf Überschreiten, den letztmöglichen Schritt, das Ende.

Und obwohl Tage, Monate, Jahre seither vergangen waren, fühlt es sich manchmal immer noch genau so an. Als wäre die Zeit stehen geblieben, in diesem einen Moment, den man immer wieder in Gedanken wiederholt- mit dem man sich immer wieder beschäftigt, um die Antwort auf die eine Frage zu finden.

Egal wie viele Jahre später, die Frage nach dem warum bleibt weiterhin unbeantwortet.

Denn irgendwie bleibt sie ohne diese Antwort - für immer 17.

Gift

Sie war nie wirklich jemand gewesen, die aus Reflex zum Gift ihrer Wahl griff, doch langsam schien es unvermeidlich geworden zu sein. Der Versuch, die Leere in ihr zu füllen, all die Emotionen, die sich tief in ihr vergraben hatten, hervorzuholen, um etwas zu fühlen, irgendwas, egal was. Oft reichten ein oder zwei Gläser, um den gewünschten Effekt zu erreichen. Langsam aber sicher vernebelte es ihre Gedanken, brachte sie zum Kichern, während sie immer wieder die Augen verdrehte. Es waren keine regelmäßigen Abstände, in denen sie diese Art von Erlösung suchte.

Es war eher eine notgedrungene Entscheidung, die sie traf, um sich von der Schwere, die auf ihre Brust drückte zu befreien, um die Leichtigkeit, die das Gift ihrer Wahl brachte, zu erahnen. In diesen entscheidenden Momenten war das Gedankenchaos zu überwältigenden, bedrohend, unerträglich. Die leichte Betäubung reichte aus, um die Welle an Nichts, die sie zu übermannen drohte, zurückzudrängen, für einen kurzen Zeitraum Luft zu holen, lange genug, um das konstante Rauschen in ihr verstummen zu lassen.

Oft vergingen Tage, Wochen, wenn nicht Monate, bis sie wieder danach griff. Genug um zu betäuben, nie genug um mehr zu sein. Ihre letzte Grenze blieb weiterhin aufrecht, egal wie sehr sie die Dunkelheit einhüllte und sie an sich zog, nie wurde sie ganz verschluckt. Sie tänzelte an der Grenze auf und ab, abwartend, lauernd, verlockend. Die Anziehung, den letzten Schritt zu tun. Ein Ticket ohne Rückfahrschein. One Way.

Ein Glas, zwei, drei, vier. Irgendwann kommt die Ernüchterung, ohne dem ständigen Chaos hinter den Augenlidern, während das Gift durch ihre Adern fließt. Das Glas wird beiseite gestellt, ohne wieder aufgefüllt zu werden, denn sie hatte genug. Der Drang nach Betäubung war befriedigt.

Nach dem letzten Schluck fängt sie schließlich an zu kichern, zu lachen. Die Schwere auf ihrer Brust, die als eine Art Verschluss gedient hat, ist leicht verschoben, nicht ganz geöffnet, doch der Spalt ist breit genug, um alles andere langsam ins Bewusstsein sickern zu lassen.

Hinter den Augenlidern fängt es an zu brennen, das Atmen wird kurzzeitig schwer, bis sich das fast schon hysterische Lachen mit Tränen vermischt. Tränen, die eine gefühlte Ewigkeit nicht fallen konnten. Stressabbau- Mechanismus.

Doch irgendwann versiegen die Tränen und das Gift wird im Körper abgebaut. Das Lachen verstummt, während die Schwere auf die Brust zurückkehrt, den Spalt verschließt, wieder alles einschließt, dass nicht ins Bewusstsein dringen konnte. Die Dunkelheit hüllt sie erneut ein, jedoch nicht mehr ganz so fest wie zuvor. Das Gift bleibt im Regal stehen, fängt langsam Staub, bis sie wieder danach greift, auf der Suche nach kurzweiliger Erleichterung.

Zurückerobern

Niemand bereitet einen darauf vor, was hinter den brennenden Mauern liegt, in denen man sich bisher befunden hat. Genauso wenig, wie man darauf vorbereitet wird, wer man außerhalb der Feuerzungen ist.

Für sie fühlt es sich manchmal an, als würde sie bereits nach dem ersten Atemzug keine Luft mehr bekommen, so gewöhnt an den Rauch und die Asche in ihren Lungen. Das ständige Knistern schien sich in ihren Gehörgang eingenistet zu haben, ein fernes Echo verbleibend, nachdem sie ihren Fuß über die Türschwelle geschoben hat.

Sie wird von Albträumen geplagt, ihr Unterbewusstsein mehr als bereit ihre am tiefsten liegenden Ängste hervorzuholen. Sie wird nur langsam aus dem Zustand der Bewusstlosigkeit gerissen, das langsame Ausbreiten der Angst, Erinnerungen hinter geschlossenen Lidern. Panik breitet sich aus, der Herzschlag versucht vergeblich dem Atem hinterher zukommen, bevor sie die Augen aufschlägt, mehrmals blinzelnd, bevor sie erkennen kann, dass keine wahre Gefahr ausgeht. Keine Flammen, keine Asche in der Luft. Umso mehr Zeit vergeht, umso mehr wachende Stunden sind ihr vergönnt. Das nächtliche Hochschrecken vermindert sich zu gelegentlich. Doch die Panik wird im Laufe der Zeit nie wirklich verschwinden.

Niemand warnt einen vor dem Moment, in dem man merkt, dass man nicht weiß, wer man außerhalb des brennenden Hauses ist. Zu viel Stunden, Tage, Monate, waren vergangen, keine Erinnerungen waren ihr geblieben an jene Momente außerhalb des lodernden Infernos. Niemand konnte ihr sagen, wer sie war, außerhalb der direkten Bedrohung, außerhalb des Gefängnisses, dass ihr Dasein für viel zu lange definiert hatte. Auf der Suche nach etwas, jemanden, der sie einmal war, jemand, der sie sein möchte, jemand, den sie selbst leiden konnte.

Sie hasste das Wort `Heilungsprozess`- es gab nichts, rein gar nichts, dass diesen Prozess, diese Flucht, diesen Drang nach Freiheit beschreiben könnte.

Das Tänzeln an der Kante, das Auf und Ab, der eine Schritt vorwärts, aber gleichzeitig drei

Schritte zurück. Der Fortschritt der gleichzeitig Rückschritt bedeutet. Die vergossenen Tränen, der Zwang, weiterzugehen, weiterzumachen, keinesfalls dem Unausweichlichen fügen.

Wie lange wird sie das aushalten? Wie lange noch, bevor sie aufgibt? Wie lange wird der Triumph anhalten?

Wie lange wird sie sich dem Kampf gegen sich selbst, gegen das Unvermeidliche hingeben? Sie ist eine Festung, umgeben von hohen Mauern, Soldaten in Reihe und Glied, kampfbereit, noch nicht bereit, nachzugeben.

Das leise Knistern der Flammen, das leise Echo, der Komfort des Bekannten. Wie lange wird sie widerstehen können?

Limit

„Wie weit würdest du gehen?", fragte er, während er an seiner Zigarette zog. Die Dunkelheit um uns herum, gab langsam den unaufhaltsamen Sonnenaufgang nach, doch noch war die gelbe Scheibe nicht über die Bergspitzen gestiegen. Mittlerweile hatte das Rauschen in meinen Ohren aufgehört, ausgelöst durch den Kuss diverse Flaschenöffnungen während der letzten Stunden. Langsam zog ich meine eigene Kippe aus der Packung heraus, während er mir wortlos das Feuerzeug reichte. Das kurze, leise Knistern der Flamme war für einen Moment das einzige Geräusch zwischen uns.

„Wie weit würde ich gehen?", wiederholte ich seine Frage, während ich den ersten Zug nahm. Der Rauch brannte für einen kurzen Moment tief in meinen Lungen. Tiefgründige Fragen waren sein Metier, solange diese im Schutz einer Nacht gestellt wurden, in der Hoffnung, nie das Tageslicht zu erblicken.

Ich drehte die brennende Zigarette zwischen Daumen und Zeigefinger, während ich nachdachte. Wie weit würde ich wirklich gehen? Ein zynisches Lächeln breitete sich auf meine Lippen aus, während ich der Sonne dabei zusah, wie sie die Dunkelheit für einige Stunden verbannte.

Ich wusste genau, worauf er anspielte: meine Unfähigkeit, Grenzen gegenüber anderen zu stecken. Limits, die leichter zu überschreiten waren, wenn man sie einfach ignorierte. Solange man sie nicht wahrnahm, waren sie nicht da, umso leichter war es, das Wort NEIN beiseite zu schieben. Denn Egoismus war nicht gerade etwas, dass ich an den Tag legte. Aus diesem Grund war es umso leichter, mich durch Manipulation zu einer anderen Antwort zu bringen. Kompromiss hin oder her.

Es schien den meisten mehr als nur einfach zu fallen, meine Grenzen zu überschreiten. Denn wer würde auf die Idee kommen meine Gefühle, meine Gedanken, meine Meinung in Betracht zu ziehen? Es wurde mir ziemlich früh beigebracht, dass nicht alles was glitzert automatisch Gold ist.

Vielleicht lag es daran, dass ich in einem Tempo erwachsen werden musste, in dem andere das Kind-sein genießen konnte. Vielleicht lag es daran, dass nicht jeder das Beste für mich wollte, sondern nur für sich selbst. Vielleicht lag es letztlich an der Entscheidung, mich selbst zu retten, denn es wurde mir immer und immer wieder bewiesen, dass niemand diesen Part in naher Zukunft übernehmen würde.

Wo steckt man nun seine Grenzen, wenn es nie wirklich welche gegeben hat?

Wie entscheidet man, wann man genug hatte?

Wie weit würde ich gehen?

„Soweit ich muss", antwortete ich ihm, genau in dem Moment, als die Sonne über die Bergspitze wanderte, meine Augen zusammengekniffen, um ihr entgegensehen zu können.

be your own knight in shining armour.

Metamorphoses

Als sie anfing, nach und nach die Schichten ihres Selbst abzukratzen, auf der Suche nach etwas Brauchbarem, auf der Suche nach etwas, dass einem noch von Nutzen ist, merkt sie erst, dass unter dieser Hülle, dem Kokon in dem sie bis zu diesem Zeitpunkt gelebt, existiert hat, nichts mehr zu finden ist. Die Schichten, welche sich mittlerweile ohne Anstrengungen entfernen ließen, ließen nur erahnen, was dort einmal gewesen sein musste. Für sie fühlte es sich manchmal an, als würde alles, was sie je gedacht hatte zu sein, einfach verschwinden, wegfallen. Als wäre alles nur eine psychedelische Halluzination gewesen, eine Einbildung, eine Welt, die nicht dem entsprach, was sie wahrgenommen hatte.

Nach jeder weiteren entfernten Lage, umso weiter sie sich vorwagte, entblößte sie Schatten, deren Existenz sie zwar vermutet hatte, welche aber versteckt wuchern, wachsen, sich entfalten konnten, ohne, dass es auch nur irgendwelche Anzeichen gegeben hatte. Die Schatten jedoch schienen auf ihre eigene Art und Weise zu handeln, oft ließen sie sich Zeit, manchmal so lange, dass sie sich dieser fast nicht mehr bewusst war. Letztlich drängten sie sich in den Vordergrund, unterbrachen den Prozess, auf der Suche nach der unbewusst verlangten Aufmerksamkeit, welche sie ihnen viel zu lange verweigert hatte.

In diesen zeitlich unbestimmten Intervallen kam alles zum Erliegen. Sie blieb in diesem, scheinbar ewig andauernden, Moment hängen, festgenagelt an einer Stelle, während alles um sie herum sich in gewohnter Geschwindigkeit weiterbewegte, konstant an ihr vorbeizog. Dann richtete sie ihren Blick sehnsüchtig auf die abgekratzten Schichten, um sie herum verteilt, wie Herbstblätter, die sich langsam der Witterung ergaben.

Fragmente ihres Selbst werden aufgewirbelt und finden unter all den anderen tief vergrabenen Dinge, welche sie selbst ans Tageslicht gebracht hatte, ihr neues Zuhause.

Sie nimmt die Arbeit trotz der gelähmten Gliedmaßen wieder auf. Zu Beginn in einem schon fast schmerzhaft langsamen Tempo, doch mit der Zeit scheint sie daran erinnert zu werden, warum sie diese mühsame und Ausdauer erfordernde Tätigkeit begonnen hatte. Die unerbittliche Unendlichkeit des Kokons. Der konstante Widerstand.

Was erwartete sie wohl, wenn nichts mehr übrig war, nachdem sie Lage um Lage entfernt hat? Wenn ihr Selbst in aller Blöße offen gelegt, mit all den Mängeln, Verletzungen und unendlich blutenden Wunden gefunden wird?

Es folgt der Ursprung, der Anstoß einer Metamorphose. Denn nur sie allein kann entscheiden, was sie aus ihrem Selbst herausholen kann, wenn all das, was sie in der Vergangenheit geprägt hat, sie in der Zukunft nicht mehr definiert.

be your own plot twist.

Perzeption

Wen siehst du, wenn dein Blick auf mich fällt? Was siehst du, wenn du deine Aufmerksamkeit länger als einen kurzen Moment auf mich lenkst? Liest du zwischen den Zeilen, wenn ich meine vermeintlich unbedachten Worte herausschlüpfen lasse? Liegt dir der Vorwurf schon auf der Zunge, schon fast auf den Lippen, dass ich doch vorher nachdenken, mein Gehirn einschalten soll, bevor ich offensichtlich gedankenlose Ausdrücke durch meine Stimmbänder Bedeutung verleihe? Bemerkst du die Art und Weise, wie sich mein Tonfall graduell an deine Stimmung, an deinen Wortlaut anpasst?

Oder nimmst du nicht mich wahr, die Person die vor dir sitzt, sondern nur das, was du wahrnehmen willst, was du für richtig hältst? Vertraust du den ersten, zweiten, dritten Eindruck weniger Augenblicke mehr, ohne den dahinter liegenden Facetten Beachtung zu schenken, oder gar Bedeutung zuzumessen. Begegnest du mir mit jener Gleichgültigkeit, welche du mir immer wieder vorwirfst selbst zur Schau zu stellen?

Welches Bild taucht vor deinem inneren Auge auf, wenn du von mir sprichst? Bist du stolz? Enttäuscht? Wütend? Gibst du mit mir an, erzählst von meinen Erfolgen, verschönerst mein Versagen, oder sprichst gleich gar nicht darüber? Welchen Eindruck hinterlassen deine Worte bei anderen? Wie sehr beeinflusst deine eigene Perzeption die Meinungsbildung anderer?

Was findest du, wenn ich dich dazu auffordere wirklich hinzusehen? Verrät dir mein Gesichtsausdruck wirklich das, was ich dir mitteilen will, oder nur das, was du glaubst zu wissen? Beeinflusse ich die festgefahrene Erwartungshaltung, die du scheinbar tief verinnerlicht hast? Überschreite ich deine Grenzen, so wie du meine nie wahrgenommen hast? Wie weit lässt du mich gehen, bevor du genug hast?

Aus wie vielen Einzelheiten hast du mich zusammengebastelt, um vermeintlich grenzüberschreitende Dinge zu rechtfertigen? Wie oft hat dich deine Intoleranz davon abgehalten, nicht mehr als an der Oberfläche zu kratzen? Wie viele Teile meines Selbst habe ich dir entblößt dargeboten, um Verständnis zu erhaschen? Wie oft habe ich versucht, dir verstehen zu geben?

Wer bin ich also? Bin ich mehr als nur Namen auf Papier? Bin ich mehr als unbedachte Worte in Kindheitstagen, als unbedachte Taten im Jugendalter? Bin ich Vorstellungen und Erwartungen gerecht geworden? Oder bin ich eine Reihe von Enttäuschungen und schlechten Entscheidungen?

Wen hast du all die Jahre gesehen?

perception is subjective.

außerhalb der Linien

Als ich noch klein war, hat man gerne gesehen, wenn ich außerhalb der Linien gemalt hatte. Schließlich bedeutete es, dass man sich ausprobierte, erprobte, neues entdeckte und dazulernte. Umso älter ich wurde, umso negativer wurden die Reaktionen zu der Art und Weise, wie ich außerhalb der vorgegebenen Linien agierte. Plötzlich war es nicht mehr in Ordnung, nicht mehr meinem Alter entsprechend.

Mittlerweile, Jahre später, hat sich an dieser Ansicht wenig verändert. Irgendwann wurde ein Zeitpunkt erreicht, an dem ein bestimmtes Verhalten nicht mehr toleriert wurde, nicht mehr gern gesehen wurde. Es wurde einfach ein Schalter umgelegt, der das Ende und gleichzeitig eine Art Beginn kennzeichnete, den alle außer ich kollektiv wahrnahmen. Also kein Wunder, dass es nicht so klappte, wie sich alle Beteiligten sich das vorgestellt hatten, denn das Memo war schließlich nie bei mir angekommen.

Obwohl es so schien, als würde ich mich geflissentlich weigern mich dem Gewollten anzupassen, konnte ich es einfach nicht lassen, weiterhin außerhalb der Linien mein Unwesen zu treiben. Zuerst nur vorsichtig mit den Zehenspitzen schrittweise steigernd, auf dem dünnen Streifen balancierend, bis ich letztlich auf der anderen Seite zum Stehen kam. Fand ich auf der anderen Seite die befürchteten Konsequenzen genau zu diesem Zeitpunkt, an dem ich es wagte, über die Linien zu malen? Nein.

Erst Jahre später, nachdem ich mich seither immer wieder wagemutig widersetzt hatte, wird mir daraus ein Strick gedreht. Immer wieder kehrt man zurück an Orte und Momente der grenzüberschreitenden Tätigkeit, um immer wieder dieselben Sätze mit verschiedenen Wortbausteinen zu formulieren, welche letztendlich wiederum zum selben Ergebnis führen: kreative Auslegungen und Schuldzuweisungen betreffend des eigenen Verhaltens als Regelbrecherin.

Doch ich war nie die einzige, die außerhalb der vorgegebenen Linien gemalt hatte. Nicht, dass dies jemals jemand zugeben würde.

So gern ich auch Grenzen überschritten, ausgetestet und manchmal leicht überstreckt hatte, hatte ich eines nicht in Betracht gezogen: meine eigenen zu setzen. Denn wo keine sind, kann man auch keine übertreten. Viel zu spät hatte ich gemerkt, dass es niemanden kümmerte, Rücksicht zu nehmen, dass es viel zu einfach war, innerhalb meiner nicht vorhandenen Grenzen zu malen. Somit bahnte man sich mit Sätzen aus verschiedenen Wortbausteinen einen Weg hinein, um danach ohne Bedacht zu wüten. Man verdrehte die eigenen Worte nicht nur im Munde, sondern bereits im Kopf, in den Gedanken, zum eigenen Vorteil. Man nistete sich ein, grub sich mutwillig tief ins Innere, ohne bemerkt zu werden.

Viel zu spät, gleichzeitig früh genug den Stift wieder in die Hand zu nehmen, einfache Linien in Grenzen zu verwandeln. Alles in Flammen aufgehen zu lassen, was außerhalb der Konturen liegt.

standing in the ashes of who I used to be.

Dissektion

Ihre Existenz fühlt sich an wie ein ewiger, nicht enden wollender Teufelskreis. Gefangen in einer Endlosschleife an Hoch und Tiefs, vergleichbar mit einer Achterbahn, aus der sie nicht aussteigen konnte, so sehr sie es auch versuchte. Eine ständige Konfrontation, eine Überreizung der Sinne, ohne ein Ende in Sicht zu haben, ohne Licht am Ende des Tunnels. Es fehlen die benötigten Worte im Tief, während sie aus ihr herausschlüpfen, wenn das Hoch sie ergreift. Wenn sie es letztlich doch versucht, ihrem Leid, ihren Emotionen, Ausdruck zu verleihen, die Ernsthaftigkeit des Moments, der Situation zu verdeutlichen, trifft sie auf die altbekannte Verständnislosigkeit.

Denn sie trug keine Narben auf ihrer Haut, keine offenen Wunden, blaue Flecken, die von ihrem Schmerz zeugen konnten. Als bräuchte sie körperliche Beweise, um ihrem Elend eine Existenzberechtigung zu verschaffen. Doch sie waren da, die Narben. Tief vergraben, dort, wo sie niemals das harsche Licht der Realität erblicken würden. Die Narben variieren in Größe und

Form, von frischen, noch blutenden, bis hin zu älteren, bereits verschorften Wunden. Manche würde selbst nicht einmal die Zeit heilen können.

Ihr ständiger Begleiter war an keine korporale Form gebunden, eine Schattengestalt, geboren aus den unendlichen Tiefen ihrer eigenen Dunkelheit. Während ihrer Tiefs schloss er sie behutsam in seine Arme, während ihrer Hochs blieb er in greifbarer Nähe. Doch die Schattengestalt nagte, riss an ihr, auf der Suche nach Halt, nach einem Weg, sich tiefer in ihr zu vergraben.

Es war an der Zeit, die gebauten Brücken niederzubrennen. Alles hinter sich zu lassen, alleine den langen, unvermeidlichen Weg zu beschreiten, dessen Ziel meilenweit entfernt zu sein scheint. Es war unerlässlich geworden, den Ursprung, die Ursache, ihre gesamte Existenz zu dissektieren, bis auf die kleinsten Einzelheiten zu zerlegen. Sie war zu einem unlösbaren Enigma geworden, bestehend aus verschiedenen zusammengesetzten Einzelteilen.

Die Tage werden länger, die Nächte kürzer, während sie Schritt für Schritt die Scherben ihres Selbst aufsammelt, neu zusammensetzt, bevor sie wieder alles niederreißt und von Neuem beginnt. Die Isolation zehrt sie aus, hinterlässt eine Hülle, die sie verzweifelt versucht zu füllen. Der Weg, auf dem sie sich befindet, ähnelt dem Gefühl der Endlosigkeit, welches sich langsam selbst in ihr breit macht.

Mit jeder Scherbe, die ihren endgültigen Platz einnimmt, finden die Worte ihren Weg über ihre Lippen, festgehalten auf Papier, der Drang zum Ausdruck unersättlich. Fragmente ihres Wesens, zerlegt in Facetten.

she builds a home out of the ruins she used to call her own.

Remission

Es sind Tage wie diese, an denen ich es kaum schaffe, meine Augen morgens zu öffnen, geschweige denn meinen Körper irgendwie dazu zu bewegen, das Bett zu verlassen. Es fühlt sich so an, als würde ich am Randstreifen irgendeiner Landstraße liegen, teilweise angefahren, mehrmals überfahren von irgendwas Schwerem, wahrscheinlich ein LKW. Die ersten Minuten verbringe ich im Dämmerschlaf, konstant irgendwo zwischen Koma und Wachzustand, mein Körper drückt sich wie fest gefroren in die Matratze unter mir.

Nach mehrmaligen angestrengten Blinzeln fokussieren sich meine Pupillen erst auf meine Umgebung. Erst nach wenigen Sekunden wird mir der altbekannte Druck auf der Brust bewusst, den ich in den letzten Wochen fast schon verdrängt, teilweise vergessen hatte. Ab diesem Zeitpunkt konnte ich meistens mit ziemlicher Sicherheit sagen, dass ich an solchen Tag nicht wirklich jemand war, den man um sich haben wollte. Es fühlt sich an wie ein Setback, ein Rückschritt in die definitiv falsche Richtung.

Mit einem Blick auf die Uhrzeit rechne ich mir fast schon automatisiert aus, wie viele Stunden ich diese Tortur ertragen muss, bevor ich es vor mir selbst rechtfertigen kann, wieder Schlafen zu gehen.

An diesen Tagen konnte ich mich selbst nicht leiden, verabscheute das Gefühl in mir, fiel mir selbst zu stark auf die Nerven, um auch nur ansatzweise so zu tun, als wäre alles in Ordnung. An diesen Tagen der Taubheit, der Gefühlslosigkeit bot mir mein Gehirn den Ausweg, fast schon einen kleinen Urlaub der ständigen Überreizung, die mit der Remission einhergingen, denn immerhin befand man sich ja am Weg der 'Besserung'.

Was einem niemand sagt, wenn man sich aus dem Tief gekämpft hat, ist, dass das Aufrechterhalten des Fortschritts, die Schritte in die richtige Richtung, ein verdammt einsamer Prozess ist. Manchmal sehne ich mich nach dem Tief zurück, nur, damit ich mich nicht ständig von meinen eigenen Gefühlen erdrücken lassen muss.

Wenn ich es letztlich doch aus dem Bett schaffe, versuche ich diverse Ablenkungen zu schaffen, um ja nicht meinen eigenen Gedanken lauschen zu müssen, die zeitweise fast schon penetrant um meine Aufmerksamkeit buhlen. Kontrolliere ich trotzdem instinktiv zu oft die Uhrzeit, egal in welchem Umfeld ich gerade bin oder welcher Tätigkeit ich gerade nachgehe? Eindeutig.

Es sind Tage wie diese, die mich befürchten lassen, den Kampf mit mir und gegen mich selbst zu verlieren. Es sind Tage wie diese, wenn das Balancieren an der Kante risikoreicher wird, bevor man den Halt verliert und in die Tiefe stürzt. Es sind Tage wie diese, an denen man nicht bemerkt, ob man immer noch in dieselbe Richtung geht wie zuvor. Es sind Tage wie diese, an denen ich es kaum schaffe, meine Augen zu öffnen und der Realität meiner andauernden Existenz gegenüberzustehen.

so numb, yet so full of feelings.

Paradoxon

Sie ist mehr als die Worte, die ihr auf der Zunge liegen, noch bevor sie sich entschieden hat, sie auszusprechen. Sie ist jene, welche unausgesprochene Wahrheiten mehr als nur eine Stimme verleiht. Sie ist der Tropfen, welcher mit voller Absicht fällt und das Fass zum Überlaufen bringt.

Sie ist das Chaos selbst, während sie gleichzeitig im Auge des Sturms steht. Sie ist das Wildkraut, dass sich nach einem Brand den Weg durch die Asche bahnt. Sie ist die Wellen, die einen zu übermannen drohen und gleichzeitig der Sauerstoff, den man zum Überleben braucht. Sie ist ein Labyrinth, ein unendliches Enigma, ohne Lösung und ohne Ausweg.

Sie ist mehr als Worte auf Papier. Sie besteht aus Tiefen, welche nicht einmal der Ozean ergründen kann. Sie ist die behagliche Stille. Sie ist der Anstifter zur Rebellion und gleichzeitig die Stimme der Vernunft. Sie ist die Protagonistin, sowie der Antagonist ihrer eigenen Geschichte.

Sie ist das Gewitter und der Sonnenschein, der darauf folgt. Sie ist die eiserne Kälte im Winter und die Hitze im Sommer. Sie ist der Mut und die Angst selbst.

Sie ist ihre eigene Reflexion, ihr eigener Doppelgänger. Sie ist das Ungesagte zwischen den Zeilen. Sie ist Irrealität und Realität gleichzeitig. Sie ist die Lüge, geschickt versteckt in der Wahrheit.

Sie ist die Kritik und gleichzeitig ihr schärfster Kritiker. Sie ist der Wegweiser, sowie der Weg selbst. Sie ist ihr eigener Teufelskreis. Sie ist ihr eigenes Limit. Sie ist ihre eigene Existenzberechtigung.

Sie ist tausende Existenzen in einer einzigen Lebensspanne. Sie ist ihr eigener Schatten. Sie ist ihr eigenes Fundament. Sie ist ihr eigenes Risiko und ihre eigene Schwäche.

Sie kennt die Dunkelheit wie ihren eigenen Handrücken, ohne sie je vollständig erobert zu haben.

Sie überschreitet Grenzen, ohne Rücksicht auf Verluste.

Sie ist eine Festung, umgeben von hohen Mauern, Soldaten in Reihe und Glied.

Sie ist ihr eigener Ritter in glänzender Rüstung.

she defines herself.

Monique Narzt

Monique Narzt, geboren 1998, aufgewachsen in Österreich, fühlt sich seit klein auf zu jeglicher Form von Sprache und Literatur hingezogen. In ihrer späten Jugend begann sie selbst das Gesprochene in neue und doch altbekannte Formen zu bringen. Aus dem englischsprachigen Songwriting entwickelten sich letztlich deutschsprachige Texte, die diverse Facetten ihres Selbst widerspiegeln.

Monique Narzt schreibt auf
www.story.one

Faszination Buch neu erfunden

Viele Menschen hegen den geheimen Wunsch, einmal ihr eigenes Buch zu veröffentlichen. Bisher konnten sich nur wenige Auserwählte diesen Traum erfüllen. Gerade mal 1 Million Autoren gibt es heute – das sind nur 0,0013% der Weltbevölkerung.

Wie publiziert man ein eigenes story.one Buch? Alles, was benötigt wird, ist ein (kostenloser) Account auf story.one. Ein Buch besteht aus zumindest 12 Geschichten, die auf story.one veröffentlicht und dann mit wenigen Clicks angeordnet werden. Und durch eine individuelle ISBN kann jedes Buch dann weltweit bestellt werden.

Jede lange Reise beginnt mit dem ersten Schritt – und dein Buch mit einer ersten Story.

Wo aus Geschichten Bücher werden.

#storyone #livetotell

FSC
www.fsc.org
MIX
Papier | Fördert
gute Waldnutzung
FSC® C083411

Zeitfracht Medien GmbH
Ferdinand-Jühlke-Straße 7
99095 Erfurt, Deutschland
produktsicherheit@kolibri360.de